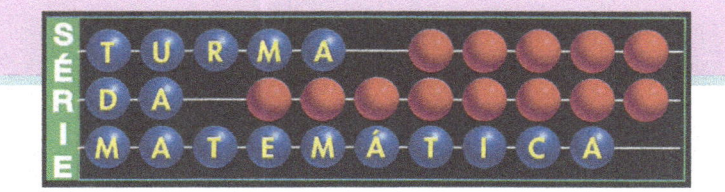

SÉRIE Turma da Matemática

LUZIA FARACO RAMOS
FAIFI

CARAMELOS DA ALEGRIA

**Construção
do conceito de centena**

Atividades

Jogos

editora ática

Caramelos da alegria
© Luzia Faraco Ramos, 1997

Editora	Wilma Silveira Rosa de Moura
Assessora editorial	Célia Cristina Silva de Godoy
Coordenadora de revisão	Ivany Picasso Batista
Revisoras	Célia Regina Camargo
	Irene Catarina Nigro
	Sandra Regina Fernandes
	Solange Scattolini
Arte	
Capa	Adelfo Mikio Suzuki
Editor	Adelfo Mikio Suzuki
Coordenação gráfica	Margarete G. Rivera
Editoração eletrônica	Ester Harue Inakake
Ilustrações	Faifi

Dados Internacionais de Catalogação na Publicação (CIP)
(Câmara Brasileira do Livro, SP, Brasil)

5.ed.

Ramos, Luzia Faraco
    Caramelos da alegria / Luzia Faraco Ramos; ilustrações
Faifi. – 5.ed. – São Paulo : Ática, 1997.
    24p. : il – (Turma da Matemática)

    Contém suplemento de atividades
    ISBN 978-85-08-08791-4

    1. Matemática (ensino fundamental) I. Faifi. II. Título.

96-3427   CDD-372.70202

ISBN 978 85 08 08791-4

2022
5ª edição
10ª impressão
Impressão e acabamento: Log&Print Gráfica e Logística S.A.

Todos os direitos reservados pela Editora Ática
Av. Otaviano Alves de Lima, 4400 – CEP 02909-900 – São Paulo, SP
Atendimento ao cliente: 4003-3061 – atendimento@atica.com.br
www.atica.com.br – www.atica.com.br/educacional

VOCÊ NÃO GOSTA DE VER TELEVISÃO?

GOSTO, MAS NÃO O TEMPO TODO. EU TAMBÉM GOSTO MUITO DE BRINCAR!

QUANDO AS CRIANÇAS NÃO BRINCAM ELAS VÃO FICANDO TRISTES.

É MESMO. OS MEUS AMIGOS ESTÃO DESSE JEITO.

ACHO QUE PODEMOS ENCONTRAR UMA FORMA DE FAZER AS CRIANÇAS VOLTAREM A BRINCAR.

PUXA, ISSO SERIA MUITO BOM, TODOS VOLTARIAM A FICAR ALEGRES. E COMO VAMOS FAZER?

SIMPLES! O SUCO DE FRUTAS SILVESTRES SEMPRE ME DEIXOU COM VONTADE DE BRINCAR.

HUM... NEM TODAS AS CRIANÇAS GOSTAM DE SUCO!

MAS TODAS GOSTAM DE BALAS! POSSO USAR O SUCO DE FRUTAS SILVESTRES PARA FAZER CARAMELOS!

CLARO! E EU POSSO AJUDAR VOCÊ A FAZER OS CARAMELOS!

E LÁ SE FORAM OS DOIS PARA O BOSQUE...

AQUELA É A MINHA CASA, ADELAIDE.

QUE LINDA!

XIII, TIRSO, SUA CASA É MUITO PEQUENA. EU NÃO POSSO ENTRAR.

É MESMO! VAMOS FAZER O SEGUINTE: ENQUANTO VOCÊ VAI COLHER AS FRUTAS, EU VOU PROCURAR A RECEITA DOS CARAMELOS E PREPARAR O CALDEIRÃO.

TRAGA TODO TIPO DE FRUTA QUE ENCONTRAR.

E LÁ SE FOI ADELAIDE À PROCURA DAS MAIS DIFERENTES FRUTAS SILVESTRES.

PITANGA, UVAIA, AMORA, GROSELHA, CEREJA, JENIPAPO, FRAMBOESA, GABIROBA, CAMBUCÁ, MORANGO, ARAÇÁ... UFA! ACHO QUE É SUFICIENTE.

JÁ LAVEI TODAS AS FRUTAS NO RIO, TIRSO.

ÓTIMO! AGORA É A MINHA VEZ. VOU COLOCAR TUDO NO CALDEIRÃO!

COMO VAMOS LEVAR OS CARAMELOS ATÉ AS CRIANÇAS?

PODEMOS MONTAR UMA BARRACA DE DOCES NA PRAÇA.

É UMA BOA IDEIA!

TIRSO, ESTÁ FICANDO TARDE, PRECISO IR, MAS VOLTO AMANHÃ.

NA VOLTA PARA CASA...

QUE LEGAL TER CONHECIDO O TIRSO!

NO DIA SEGUINTE...

OI, TIRSO...

NOSSA! QUANTOS CARAMELOS!

UFA! É MESMO, ADELAIDE, E ESTÃO UMA DELÍCIA!

E OS DOIS SE SENTARAM PARA SABOREAR OS **CARAMELOS DA ALEGRIA.**

QUE ENERGIA! ESTOU COM MUITA VONTADE DE CORRER, PULAR...

CALMA, ADELAIDE! PRIMEIRO PRECISAMOS ENCONTRAR UM JEITO DE LEVAR TUDO ISSO PARA A PRAÇA.

É MESMO! BEM, VEJAMOS... ORA, PODEMOS COLOCAR OS CARAMELOS EM SAQUINHOS DE PAPEL.

AH! TENHO PAPEL TRANSPARENTE NA MINHA CASINHA.

LOGO TIRSO VOLTOU TRAZENDO O PAPEL E FITAS PARA AMARRAR.

LEGAL! MAS QUANTOS CARAMELOS VAMOS COLOCAR EM CADA SAQUINHO?

SEI LÁ! EU NÃO SEI CONTAR!

ENTÃO ADELAIDE TEVE UMA IDEIA.

MOSTRE SUAS MÃOS, VAMOS!

???

AH! COMO IMAGINEI!

???

VOCÊ TEM DEZ DEDOS, COMO EU. CINCO EM CADA MÃO!

ORA, ISSO EU JÁ SABIA.

ENTÃO PODEMOS COLOCAR **DEZ CARAMELOS EM CADA SAQUINHO!** SE PRECISAR, VOCÊ PODE CONTAR NOS DEDOS.

!!!

E COMEÇARAM A EMPACOTAR OS CARAMELOS DE **DEZ EM DEZ.**

QUANDO ACABARAM...

QUEM PODERIA AJUDAR A GENTE A CARREGAR TUDO ISTO?

TEM O CAIO, MAS... DESISTA, ULTIMAMENTE ELE SÓ QUER SABER DE VER TELEVISÃO!

PODEMOS LEVAR ALGUNS CARAMELOS PARA ELE.

ISSO! ASSIM A GENTE VÊ COMO ELE REAGE ÀS ENERGIAS SILVESTRES.

JÁ NA CIDADE...

CAIO, TROUXE ALGUNS CARAMELOS PRA VOCÊ.

ME DÁ.

HUM!

QUE DELÍCIA!

QUE PROGRAMA CHATO!

EU VOU É BRINCAR!

OBA! DEU CERTO!

UÉ! QUEM É ESSE BAIXINHO ESTRANHO?

ENTÃO ADELAIDE CONTOU TUDO SOBRE TIRSO E OS *CARAMELOS DA ALEGRIA.*

BLÁ, BLÁ, BLÁ, BLÁ...

NOSSA!

O QUE ESTAMOS ESPERANDO? QUEM CHEGAR POR ÚLTIMO NO BOSQUE É UMA LAGARTIXA VERDE.

IUP!!!!

ELE VOLTOU A SER O CAIO DE SEMPRE...

...E AGORA NÓS VAMOS PASSEAR E BRINCAR, VIU, BONEQUINHA?

9

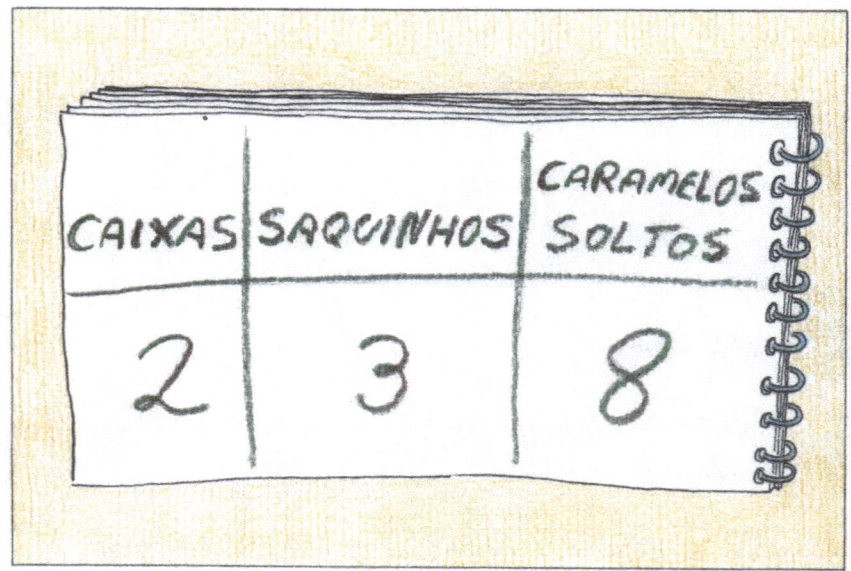

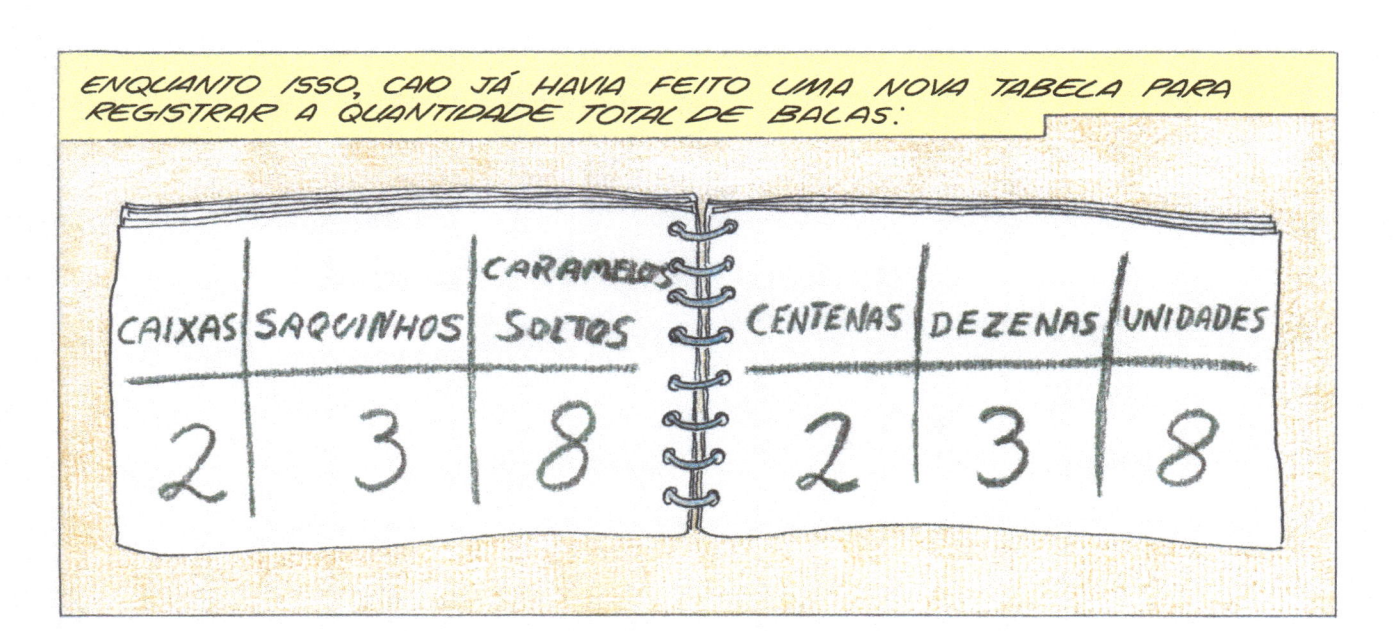

CAIXAS	SAQUINHOS	CARAMELOS SOLTOS	CENTENAS	DEZENAS	UNIDADES
2	3	8	2	3	8

SABEM QUE ESTOU GOSTANDO DE MATEMÁTICA? ELA AJUDA A GENTE A CONTAR AS COISAS DA VIDA!

O MAIS INTERESSANTE É QUE TUDO COMEÇA COM A QUANTIDADE DE DEDOS QUE A GENTE TEM NAS MÃOS!

BEM, AGORA QUE JÁ SABEMOS QUANTOS SÃO OS CARAMELOS, ALGUÉM PODE ME DIZER COMO VAMOS LEVAR ESTAS CAIXAS PESADÍSSIMAS PARA A PRAÇA?

???!!!

NO SEU CARRINHO DE BONECA!

E ONDE VAI MINHA BONECA?

O TIRSO LEVA.

E LÁ SE FORAM ELES PARA A PRAÇA.

14

CADA SAQUINHO TEM UMA DEZENA DE CARAMELOS.

CADA CAIXA TEM UMA CENTENA DE CARAMELOS.

EU NUNCA PENSEI QUE FOSSE ENTENDER DESSAS COISAS!

MEUS AMIGOS, VOCÊS CONSEGUIRAM ME ENSINAR MATEMÁTICA!

O QUE É ISSO, TIRSO?

ACHO QUE ELE ESTÁ QUERENDO ATRAIR GENTE PRA ASSISTIR AO DISCURSO!

CARAMELOS DA ALEGRIA

TIRSO, DEIXA DISSO E VEM ME DAR UM ABRAÇO!

COM SEUS CARAMELOS AS CRIANÇAS PODERÃO REAPRENDER A BRINCAR.

CARAMELOS DA ALEGRIA

OS DIAS SE PASSAVAM E A PRAÇA CONTINUAVA VAZIA.

ADELAIDE E CAIO ERAM AS ÚNICAS CRIANÇAS QUE BRINCAVAM LÁ.

ATÉ QUE, CERTA NOITE, NO MEIO DA MAIOR TEMPESTADE QUE JÁ SE VIU, UM IMENSO RAIO RASGOU O CÉU, ATINGINDO TODA A REDE ELÉTRICA DA CIDADE.

CATABUM!

O DIA SEGUINTE AMANHECEU LINDO, COM UM CÉU MUITO AZUL...

O QUE A GENTE VAI FAZER AGORA?

SEM ENERGIA ELÉTRICA NÃO DÁ PRA ASSISTIR TELEVISÃO!

FAZ UM TEMPÃO QUE A GENTE NÃO VAI BRINCAR NA PRAÇA.

LOGO OUTRAS CRIANÇAS TIVERAM A MESMA IDEIA...

!

...E FORAM PARA A PRAÇA ONDE ADELAIDE, CAVO E TIRSO ESTAVAM COM A BARRAQUINHA DOS **CARAMELOS DA ALEGRIA.**

TODAS COMEÇARAM A CHUPAR OS CARAMELOS DE FRUTAS SILVESTRES E FORAM FICANDO COM UMA ENORME VONTADE DE BRINCAR, BRINCAR E BRINCAR...

A CADA DIA VINHAM MAIS E MAIS CRIANÇAS. ATÉ O CHAFARIZ DA FONTE VOLTOU A FUNCIONAR.

DAQUELE DIA EM DIANTE A PRAÇA SEMPRE FICA CHEIA DE CRIANÇAS ALEGRES QUE REAPRENDERAM A BRINCAR!

FIM

Como Tirso, Caio e Adelaide arrumaram os caramelos? Complete cada balão.

Contando caramelos

FORAM ENCOMENDADOS _ _ _ _ _ _ _ _ CARAMELOS.

Vamos registrar quantos caramelos Caio, Adelaide e Tirso distribuíram no sábado e no domingo.

MATERIAL NECESSÁRIO: Tesoura, cola e as figurinhas da página 23.

SÁBADO:

CENTENAS	DEZENAS	UNIDADES
3	2	9

TOTAL DE SÁBADO: _____

DOMINGO:

CENTENAS	DEZENAS	UNIDADES
5	8	6

TOTAL DE DOMINGO: _____

QUAL FOI A QUANTIDADE DE CARAMELOS
DISTRIBUÍDOS NO FIM DE SEMANA?

_____

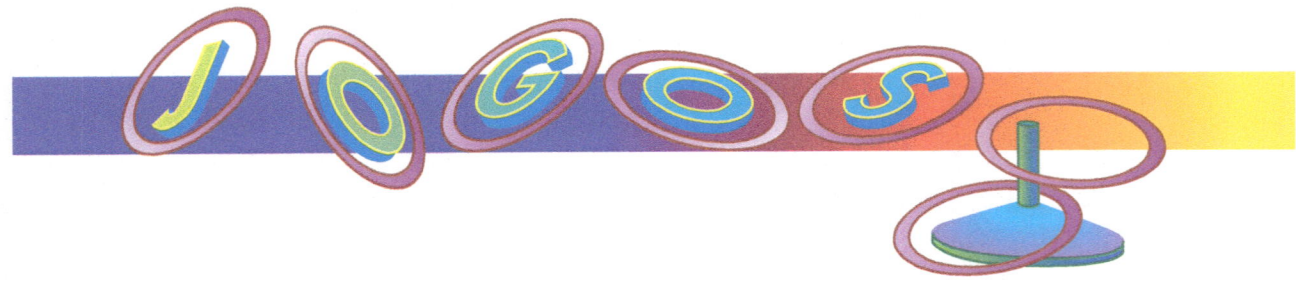

Jogo da centena

Jogo em duplas

MATERIAL NECESSÁRIO
Para cada jogador: onze caixas de fósforos vazias.
Para cada dupla: dois dadinhos, três elásticos, um copo cheio de grãos de feijão (cru).

Regras do jogo

Um jogador lança os dois dados e diz em voz alta o resultado da soma dos dados. Os dois participantes conferem. Se ele acertar, pega a quantidade de feijões que a soma dos dados marcar. Se errar, não pega nada.

Sempre que um jogador completar 10 feijões, guarda esse montinho na caixa de fósforos e, quando completar 10 caixas, amarra essas caixas com um elástico, formando um maço.

O jogo acaba quando acabarem as caixas de fósforos.

Ganha o jogo quem conseguir mais pontos.

CADA FEIJÃO VALE 1 PONTO.

MARQUE QUANTOS PONTOS CADA JOGADOR CONSEGUIU E VEJA QUEM GANHOU O JOGO.

MAÇOS	CAIXAS	FEIJÕES SOLTOS

ou

CENTENAS	DEZENAS	UNIDADES

MAÇOS	CAIXAS	FEIJÕES SOLTOS

ou

CENTENAS	DEZENAS	UNIDADES